THiLO

Agent Andy Action

Mit Bildern von Jörg Hartmann

Ravensburger

Bibliografische Information der Deutschen Nationalbibliothek:

Die Deutsche Nationalbibliothek verzeichnet diese Publikation
in der Deutschen Nationalbibliografie.
Detaillierte bibliografische Daten sind im Internet
über http://dnb.d-nb.de abrufbar.

1 3 5 4 2

© 2014 für die Originalausgabe
Ravensburger Verlag GmbH
© 2020 für die Ausgabe in Einfacher Sprache
Postfach 24 60, 88194 Ravensburg
Text in Einfacher Sprache: Yvette Wagner
Umschlagbild: Jörg Hartmann
Konzept Leserätsel: Dr. Birgitta Reddig-Korn
Design Leserätsel: Sabine Reddig
Printed in Germany
ISBN 978-3-473-46005-2

www.ravensburger.de

Inhalt

Keine Angst vor schwierigen Wörtern! Sie werden dir auf S. 56/57 erklärt.

leichter lesen

Einbrecher im 87. Stock

Andy Action schwitzt.
Die Mission ist wichtig!
Andy ist Geheim·agent
in Los Angeles.

Jetzt ist er im 87. Stock des Tomassino-Hauses. An seinem Hand·gelenk trägt er einen Mini-Computer, den er DAISY nennt.

Andy tippt auf einem Computer herum. Er ist erst zehn Jahre alt. Aber er gehört schon zu den besten Hackern der Welt. Andy ist Agent 13/13.

Jetzt hat er das Passwort geknackt. Er gibt DAISY den Befehl, Daten zu kopieren.
Mit diesen Daten ist die Tomassino-Bande erledigt.
Da hört er zwei Jungen auf dem Flur. Es sind Tom Tomassino, der Enkel des Bank·direktors, und sein Bruder.
Gleich sind alle Daten kopiert. Noch eine Sekunde. Fertig!

Die Tür geht auf. Tom
Tomassino und sein Bruder
kommen in den Raum.
Da steht Andy schon auf
dem Fenster·brett und springt
hinaus.

Verfolgungs·jagd

Andy fällt nach unten. Dabei
schießt er aus seinem
Ruck·sack ein Draht·seil ab.

Ein Haken bohrt sich in die Mauer. Jetzt hängt Andy am Seil. Er springt durch ein Fenster und landet in einem Büro. Andy Action läuft zum Fahr·stuhl und fährt nach unten. Dort geht er ganz ruhig zum Ausgang. Da kommen Tom Tomassino und sein Bruder aus dem zweiten Fahrstuhl!

Ein Wach·mann will Andy
stoppen. Aber Andy legt ihn
mit einem Kung-Fu-Griff auf
den Teppich.

Draußen holt Andy ein
Skateboard aus seinem
Rucksack. Er schaltet den
Turbo·antrieb ein und rast los.
Hinter Andy tauchen vier
Motor·räder auf. Die gesamte
Tomassino-Bande verfolgt ihn
jetzt!
Da springt er vom Skateboard
und klemmt es sich unter
den Arm. Er rennt durch einen
Garten und fährt dann weiter.

Jetzt gibt Andy Action Vollgas
und hebt ab. Mitten im Sprung
steigt er vom Skateboard und
reißt den Reiß·verschluss
seines Motorrad·anzugs auf.
Das Skateboard landet genau
in einer Müll·tonne. Andy stopft
Anzug, Rucksack und Helm
auch in die Mülltonne.
Unter dem Anzug trägt er
ein T-Shirt und eine kurze
Hose.

Andy setzt Kopf·hörer auf.
Er tut so, als ob er Musik hört.
Langsam geht er auf ein altes
Haus zu.

Über dem Eingang steht
„Waisen·haus Zum frommen
Lamm". Plötzlich halten hinter
Andy Motorräder an.
Die Tomassino-Bande!
Einer aus der Bande ruft zu
Andy: „Hey, du! Hast du
einen Typ auf einem
Skateboard gesehen?"
Andy Action dreht sich um.
Er schüttelt den Kopf und geht
weiter.

Er hält DAISY an einen versteckten Scanner in der Mauer – und die Haus·tür springt auf.

Ein Waisenhaus

Das Waisenhaus „Zum frommen Lamm" sieht ganz normal aus. Aber in Wirklichkeit ist es ein geheimes Internat der CIA. Sehr kluge Kids wie Andy werden hier zu Agenten ausgebildet.
Andy Action steigt in den Fahrstuhl. Er hält seinen Daumen auf einen geheimen Scanner.

Sofort erscheinen seine
Daten auf dem Bild·schirm:

Name: Andy Action
Alter: 10 Jahre
Funktion: Geheimagent der CIA
Besonderheit: Computer-Experte

Zugang erwünscht – obwohl leicht
verschwitzt

Die Tür öffnet sich. Jetzt ist
Andy unten in der Zentrale.
Andys Chef will mit ihm
sprechen. Auf dem Weg
zum Chef geht Andy in den
Wasch·raum. Er will sich frisch
machen.

Aber – was ist das? Aus
keinem Wasser·hahn kommt
ein Tropfen ...

Ärger mit dem Chef

Max October ist der Direktor
des Internats und Andys Chef.
Er fragt Andy: „War die Mission
erfolgreich?"

Andy berichtet: „Ich habe den
Fall gelöst. Tom Tomassino
und sein Bruder dürfen keine
Computer·spiele spielen.
Ihr Groß·vater hat es verboten.
Deshalb haben sie heimlich
Spiele bestellt. Eine Million
Stück."
Aber Max October ist nicht
zufrieden. Er zeigt auf einen
Bildschirm. Dort läuft eine
Aufnahme: Andy sieht, wie
er sich vor dem Waisenhaus
mit der Tomassino-Bande
unterhält.

Max October meint: „Die Jungs haben dich etwas gefragt und du hast den Kopf geschüttelt. Aber du hattest Kopfhörer auf. Du hättest sie gar nicht hören dürfen."

Der Chef steht auf. „Vielleicht merkt das die Bande und findet noch mehr Dinge seltsam. Dann kommt sie vielleicht zurück – und entdeckt unser geheimes Internat ..."

Max October ist nun richtig wütend. „So ein Fehler darf dir nicht passieren!"

Andy nickt.

Da sagt Max: „Aber du kannst es wieder·gut·machen. Es gibt ein neues Problem: Ganz Los Angeles ist ohne Wasser! Und keiner weiß, warum. Löse den Fall!"

Andy Action will gehen, da wirft ihm Max einen Kugel·schreiber zu. „Hier, den kannst du sicher brauchen! In der Mine ist ein Laser."

Durst!

Andy Action steht vor dem Wasser·werk. Er ist unauffällig gekleidet und hat einen neuen Rucksack.

Er verbindet DAISY mit dem
Computer des Wasserwerks.
So gelangt Andy an den Plan
der Wasser·rohre. Das Wasser
für Los Angeles kommt aus
verschiedenen Richtungen.
Draußen in der Wüste treffen
die Rohre zusammen. Von
hier aus läuft dann ein
einziges großes Rohr bis zum
Wasserwerk.

Andy überlegt: „Wenn ich Los Angeles trocken·legen wollte, dann würde ich es dort draußen machen."

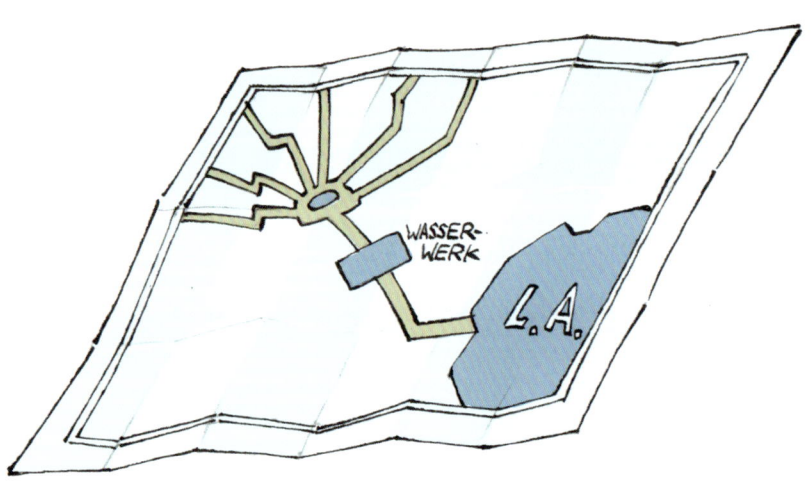

Er rast auf seinem Fahrrad los.
Es ist heiß und Andy hat Durst.
In einem Laden will er Wasser
kaufen. Aber es gibt nur noch
Slurp-Brause.
Andy entdeckt ein
Werbe·plakat. Darauf ist ein
dicker Junge. Um seinen Bauch
trägt er einen Gürtel mit einer
Schnalle aus Metall. Er trinkt
aus einer Flasche mit brauner
Flüssigkeit. In der anderen
Hand hält er ein Messer mit
einer Speck·maus.

Darunter steht:

Sei unvernünftig!

Trink Slurp-Brause.

Doppelt Zucker!

Mega·fetter Geschmack!

Der Verkäufer erklärt Andy:
„Das ist Fat Mike. Seinem
Vater gehört die Brause-Fabrik.
Fat Mike trinkt seit zehn Jahren
nur Slurp-Brause."
Andy kauft eine Flasche
und trinkt einen Schluck.
Die Brause ist eklig!

Er flucht: „Wer trinkt so was freiwillig?"

Der Verkäufer lacht. „Niemand trinkt das freiwillig. Aber gerade haben die Kids ja keine Wahl, weil es kein Wasser gibt."

Erste Spuren

Nun steht Andy Action mitten in der Wüste. Hier trifft das große Wasserrohr auf die vielen kleineren Rohre. Um die Rohre herum befindet sich ein hoher Zaun.

Andy sagt zu sich selbst:
„Wenn ich die Wasser·leitung
zerstören wollte, dann würde
ich es hier machen. Hundert
Rohre sind schwerer zu
reparieren als eins."
Da sieht er den Deckel einer
Slurp-Brause im Sand.

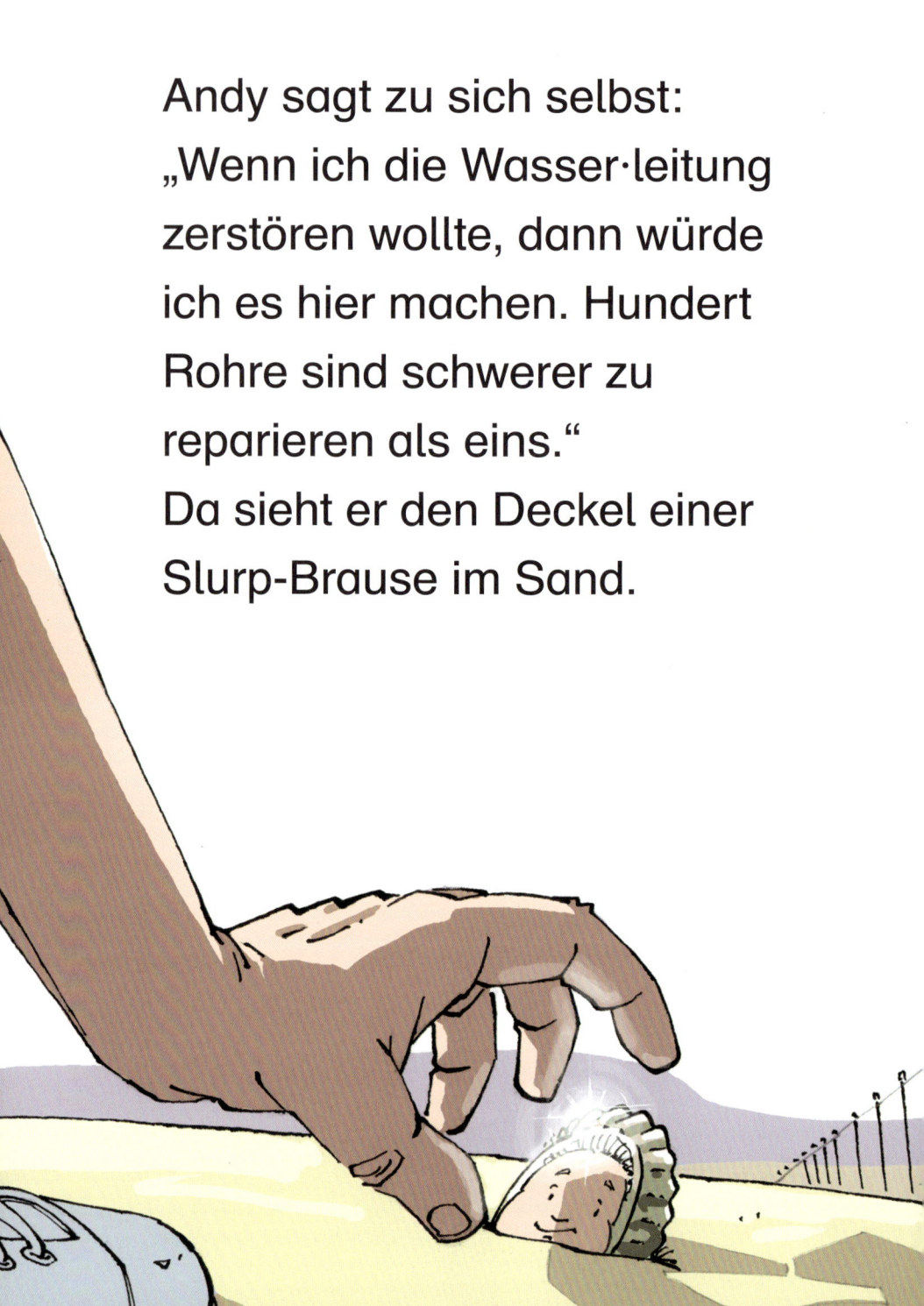

Rundherum sind Spuren
verwischt.
Der Zaun zieht sich weit in die
Wüste. An einer Stelle hängt
ein großes Werbeplakat mit
Fat Mike.

Da entdeckt Andy einen
Schuh·abdruck. Die Spur endet
vor dem Plakat. Wo geht sie
weiter? Andy reißt das Plakat
herunter. Dahinter ist ein
großes Loch im Zaun.

Unter Beschuss

Andy geht durch das Loch.
Hier gibt es noch zwei
Schuhabdrücke. Und jede
Menge Spuren von Reifen.
DAISY überprüft die
Reifen·spuren.

Sie stammen von einem Quad.
Andy überlegt: „Der Mistkerl ist
mit einem Quad gekommen.
Um ein Loch in den Zaun
zu schneiden, musste er
absteigen."
Die Reifenspuren führen zu
allen Rohren. Der Täter hat
also alle Leitungen
blockiert. Aber wie?

Andy klettert auf ein Rohr.

Dabei entdeckt er tiefe Kratzer.

Die Kratzer führen zu einem
Deckel. Das ist ein Einstieg ins
Rohr.

Der Deckel ist festgeklebt – mit
einem pink·farbenen Kleber.

Andy holt seinen neuen
Kugelschreiber hervor. Mit dem
Laser schneidet er durch den
Deckel. Der Deckel fällt ins
Rohr hinein. Es platscht.
Hier ist also noch Wasser!
Andy Action streckt den
Arm ins Loch. Mit der Hand
schaufelt er sich Wasser in
den Mund. Das tut gut! Aber
das Wasser schmeckt süß.
Andy leuchtet mit einer
Taschen·lampe ins Rohr.

Das Wasser sieht normal aus,
aber er entdeckt eine weiße
Masse. Sie verstopft das Rohr.
Was ist das?

Andy greift ins Rohr. Er will etwas von der weißen Masse nehmen. Da landet ein Pfeil mit zwei Spitzen direkt neben ihm.

Hinterher!

Weitere Pfeile pfeifen durch
die Luft. Dann sieht Andy, wie
das Quad über sein Fahrrad
fährt und weg·rast. Andy klappt
einen Propeller und zwei Düsen
aus dem Rucksack. Jetzt kann
er fliegen.

Er verfolgt das Quad heimlich.

Sie erreichen Los Angeles.

Plötzlich biegt das Quad in ein

Industrie·gebiet ein – und ist

weg.

Andy landet und packt
Propeller und Düsen wieder in
den Rucksack. Er überlegt, was
die weiße Masse im Rohr war.
Da hat er eine Idee!
In einem Supermarkt kauft
Andy eine Slurp-Brause und
eine Speckmaus.

Er steckt die
Speckmaus in den
Flaschen·hals und
dreht die Flasche um.
Die Speckmaus saugt sich
mit der Brause voll und wird
dicker. Die Speckmaus wird so
dick, dass keine Brause aus
der Flasche tropft. Sie ist ein
perfekter Korken.

Das Geständnis

Kurz darauf landet Andy auf
dem Dach der Brause-Fabrik.
Er riecht Orangen·brause,
Zitronen·brause und Cola.
Er riecht auch eine vierte
Mischung, die er nicht kennt.

Andy legt seine Flug·maschine
wieder in den Rucksack. Dann
läuft er mit Saug·näpfen die
Wand hinab.

Durch ein Fenster klettert er
in ein Zimmer. Es ist voll mit
neuem Spiel·zeug. Da hört
er jemanden im Neben·raum.
Andy Action springt um die
Ecke.
An einem Tisch hockt Fat Mike
und trinkt Slurp-Brause.

„Hallo, Fat Mike", sagt Andy. „Dein Plan war gut. Du hast riesige Speckmäuse in die Wasserrohre gestopft. Sie haben das Wasser aufgesaugt und haben die Rohre verstopft. Die Stadt hat kein Wasser mehr. Du wolltest uns alle umbringen!"

„Nein!", ruft Fat Mike. „Ich wollte nur, dass alle Slurp-Brause trinken."

Fat Mike steht auf. „Irgendwann würden alle so dick sein wie ich. Dann könnte mich keiner mehr hänseln!" Fat Mike geht zur Wand. „Aber wie bist du auf mich gekommen?"

Andy Action lacht. „Das war
leicht. Die Kratzer an den
Rohren stammen
von deiner großen Schnalle
am Gürtel. Und mein Fahrrad
geht nicht einfach so kaputt,
wenn ein normales Quad
darüber·fährt. Der Fahrer
musste also sehr schwer sein.
Und dann die Speckmaus. Die
ist auf allen Werbeplakaten in
der Stadt zu sehen."

Fat Mike nickt. „Du bist gut!"
Plötzlich legt Fat Mike einen
Schalter an der Mauer um.
Unter Andys Füßen öffnet sich
eine Klappe im Boden.
Er sieht einen riesigen Behälter
mit pinkfarbener Flüssigkeit.

51

Das ist die vierte Brause,
die er nicht kannte!
Doch Andy fällt nicht dort
hinein. Blitz·schnell packt er
Fat Mike am Kragen.

Fat Mike kippt nach vorn und
fällt durch die Klappe in die
pinke Brause.
Die Brause klebt jetzt an
Fat Mike.

Das letzte Rätsel ist gelöst.

Mit dieser Brause hat Fat Mike die Deckel auf den Wasserrohren fest·geklebt!

Andy Action rennt in den Raum mit den Spiel·sachen und holt eine Gummi·ente. Er wirft sie Fat Mike zu. Andy sagt: „Halt dich daran fest, bis sie dich rausziehen." Dann ruft er die Polizei an.

Andy klettert aufs Dach und fliegt in die Zentrale.

Im Waisenhaus wartet schon
sein Chef auf ihn. Mit einem
dicken Lob, einem Glas kaltem
Wasser – und einem neuen
Auftrag.

Wörterliste

Andy Action   sprich: Ändi Äk·tschen
Action ist englisch und heißt Aktion,
Tat oder Eingreifen
Andy ist eine Abkürzung von Andreas

Mission   ein Auftrag

Los Angeles   sprich: Los Äin·sche·les
eine Stadt in den USA

DAISY   sprich: Däi·si

Hacker   sprich: Häcker
jemand, der auf fremde Computer zugreift

Kung-Fu   ein Kampf·sport

Skateboard   sprich: Skäit·bord
Brett mit vier Rädern zum Fahren

Waisenhaus   Waisen sind Kinder,
die keine Eltern mehr haben. Sie leben
in einem Waisenhaus.

Scanner   sprich: Skänner
Gerät, das etwas fotografiert und überprüft

Internat   Wohnhaus für Schüler

CIA   sprich: Si Ei Äi
Geheim·dienst der USA

Laser   sprich: Läiser
ein starker Strahl aus Licht

slurp   sprich: slörp
Englisch für schlürfen

Fat Mike   sprich: Fädd Meik
Fat ist englisch und bedeutet dick;
Mike ist ein Name

Quad   sprich: Kwod
kleines Gelände-Fahrzeug mit vier Rädern

Leserätsel

Die wichtigsten Fragen zur Geschichte:
Wer · Was · Wo · Wie · Warum

Wer ist verdächtig?
- [ ] Andy Action **B**
- [ ] Fat Mike **A**

Was ist das Problem?
- [ ] Die Nahrungsmittel sind knapp. **L**
- [ ] Es gibt kein Wasser mehr. **G**

Wo ist es passiert?
- [ ] In New York. **O**
- [ ] In Los Angeles. **E**

Wie ist es passiert?

☐ Die Wasserrohre sind verstopft worden.   **N**

☐ Die Wasserrohre sind gestohlen worden.   **S**

Warum ist es passiert?

☐ Um den Verkauf von Brause zu erhöhen.   **T**

☐ Um die Menschen vor Wasser zu schützen.   **C**

Lösungswort:

☐☐☐☐☐

Durchstarten und leichter lesen!

- ▷ **Kurze Sätze**
- ▷ **Einfache Sprache**
- ▷ **Coole Themen**

ISBN 978-3-473-**36141**-0

ISBN 978-3-473-**49170**-4

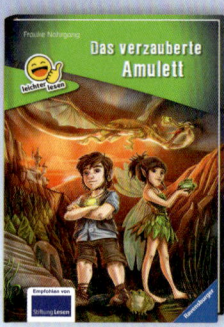

ISBN 978-3-473-**36139**-7

ISBN 978-3-473-**49166**-7

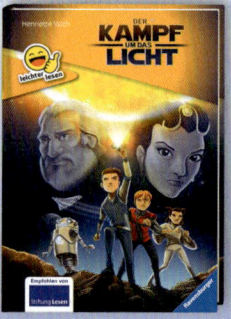

ISBN 978-3-473-**36140**-3

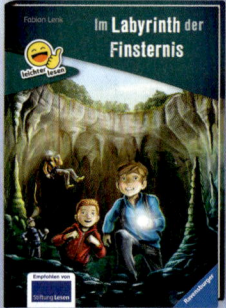

ISBN 978-3-473-**36138**-0

www.ravensburger.de

Ravensburger